ÉLOGE

DE FEU M. LE

MARÉCHAL COMTE SÉRURIER

Pair de France,

Grand'Croix de l'Ordre royal et militaire de Saint-Louis,

Grand'Croix de la Légion d'honneur,

RÉIMPRIMÉ

PAR LES SOINS DE SA FAMILLE

PARIS

TYPOGRAPHIE DE FIRMIN DIDOT FRÈRES, FILS ET Cⁱᵉ

IMPRIMEURS DE L'INSTITUT DE FRANCE, RUE JACOB, 56

1847

CHAMBRE

DES

PAIRS DE FRANCE.

SESSION DE 1819.

Séance du jeudi 9 mars 1820.

—

ÉLOGE

DE FEU M. LE MARÉCHAL COMTE SÉRURIER

Prononcé dans cette séance par M. le maréchal
Suchet, duc d'Albuféra.

IMPRIMÉ PAR ORDRE DE LA CHAMBRE.

CHAMBRE DES PAIRS.

ÉLOGE

De feu M. le maréchal comte Sérurier, prononcé
par M. le maréchal Suchet, duc d'Albuféra.

Messieurs,

Ayant accepté l'honorable mission de vous
faire connaître les traits principaux de la vie
d'un de nos illustres collègues, que la mort
nous a enlevé, je prie la Chambre de m'accor-
der quelque indulgence pour les détails que
cette circonstance exige.

Le comte Jean-Matthieu-Philibert Sérurier,
Maréchal et Pair de France, naquit à Laon,
département de l'Aisne, le 8 décembre 1742.
Son père était un ancien officier de la maison
du Roi.

Dès l'âge de douze ans ayant manifesté un goût décidé pour les armes, il obtint, le 25 mars 1755, un brevet de lieutenant dans le bataillon des grenadiers royaux de Laon, dont son oncle était commandant.

Il servit à l'armée de Hanovre pendant la guerre de Sept ans, et y fit les campagnes de 1758, 1759 et 1760.

Dans celle de 1759, il fut nommé enseigne au 68ᵉ régiment d'infanterie d'Aumont, brigade de La Tour-du-Pin. Son père, en lui remettant son brevet, lui dit : *Mon fils, je ne puis t'offrir qu'une épée ; qu'elle soit ta fortune, et que toujours l'honneur la dirige.* Paroles solennelles et prophétiques, qui frappèrent le jeune officier, et que, depuis son élévation, il se plaisait toujours à rappeler.

Dans la campagne de 1760, le 31 juillet, il eut la mâchoire fracassée à l'affaire de Warbourg, en combattant vaillamment sous les ordres du chevalier du Muy.

Nommé, le 25 avril 1762, sous-lieutenant au même régiment devenu Beauce, il fit la campagne de cette année en Portugal, sous les ordres du prince de Beauvau. Lieutenant en 1763, il fut chargé pendant dix ans de l'instruction de ce régiment, et fit, en Corse, la campagne de 1771 sous les ordres du comte de Marbeuf. Il y fut spécialement employé à la formation d'un détachement de chasseurs destiné à éclairer les cantonnements.

Il fut promu, le 10 mai 1782, au grade de capitaine-commandant, et reçu chevalier de Saint-Louis.

Ainsi, après vingt-sept ans de services, un officier distingué par sa valeur, par ses blessures, par son instruction, obtenait enfin un grade auquel de nos jours prétendent, en entrant dans la carrière, des jeunes gens sans expérience. Entraînés par les exemples d'avancements rapides gagnés sur les champs de bataille, et par le désir généreux de les mériter, ils oublient que ces récompenses furent le prix des services et du sang versé dans les combats.

Sérurier, nommé, le 17 mai 1789, major au 70e régiment de ligne Médoc, fut élevé au grade de lieutenant-colonel, le 1er janvier 1791.

La révolution avait éclaté à Perpignan, où son régiment tenait garnison avec ceux de Touraine et de Cambrésis. Dans ces moments difficiles, il sut maintenir ses soldats dans les bornes de la discipline; et, par sa prudence, par la confiance qu'inspiraient ses services et ses blessures, il sauva les officiers de Médoc du sort fatal qu'éprouvèrent ceux des deux autres corps.

Il devint colonel en 1792, et passa à l'armée du Var.

En butte au système atroce de dénonciation, il fut mis en état d'arrestation. *L'on n'a pas confiance en moi comme colonel,* disait-il à son général en chef; *eh bien! je servirai comme grenadier tant que les ennemis menaceront la France.* En effet, il prit un fusil et se mêla dans les rangs, comme le fit depuis l'illustre La Tour d'Auvergne, justement surnommé le premier grenadier de France. Son généreux dévouement en imposa à son général, et le commandement de son régiment lui fut rendu.

C'est alors, et comptant déjà trente-sept ans de services effectifs, que Sérurier commença la pénible campagne sur les Alpes.

Le 28 février 1793, chargé d'attaquer Utelle, au comté de Nice, il trouve le pont coupé, se jette le premier dans la Vesubia, à un gué qu'il reconnaît au milieu des coups de fusil, entraîne sa colonne; et un succès complet couronne nos premiers engagements sur ce nouveau théâtre de la guerre.

Il fut nommé général de brigade le 22 août.

Le 12 août 1794, un corps de quinze cents Piémontais surprend et égorge dans la nuit ses avant-postes; Sérurier allait être enlevé dans son quartier général de Lantosca. Il court aux armes, marche au pas de charge à la tête de cinq cents hommes qui lui restent, enfonce l'ennemi, tue les chefs; et, ayant détaché à propos son aide de camp Reynaud avec cinquante grenadiers, il parvient à envelopper et à prendre sept cents hommes. Au jour, il reconnaît, parmi ses prisonniers, quatorze officiers français..... A cette époque désastreuse, une loi cruelle prononçait sur leur sort. Sérurier n'hésite point, il les renvoie sur parole en Piémont.

Le 13 juin 1795, il obtint le grade de général de division, et reçut le commandement de la gauche de l'armée.

Pendant que, sur les âpres montagnes des Alpes, il défendait les débouchés du Piémont, et apprenait à nos jeunes soldats à battre l'ennemi, il sut joindre à ce mérite un succès plus difficile. Les rangs de l'armée s'éclaircissaient chaque jour par les maladies qu'engendraient des privations de tous genres dans un pays ruiné. Les généraux et les officiers étaient à la solde de huit fr. par mois qu'ils ne touchaient pas ; les soldats ne recevaient qu'un papier sans valeur ; tous manquaient de vêtements, de chaussures, de vivres, souvent même d'armes et de munitions. Le général Sérurier, patient, infatigable, parvint à inspirer aux militaires sous ses ordres tous les sentiments qui l'animaient, et à leur persuader qu'il fallait mourir à leur poste. Dans son aride quartier d'Orméa, il servait de modèle à l'armée ; il donnait la leçon et l'exemple de la discipline, de l'instruction et de la tenue. Tous ces jeunes guerriers, qui depuis ont brillé dans la carrière, aspiraient à suivre les traditions de l'homme de l'armée qui avait le plus anciennement combattu : précieuses traditions, qui sont le plus utile et le plus riche héritage des braves. La France ne comptait pas alors, comme aujourd'hui, des milliers d'officiers expérimentés.

A la bataille livrée à Loano, le 23 novembre 1795, le général Sérurier combattit les Piémontais, tourna l'aile droite des Autrichiens, et contribua à la victoire de cette journée mémorable.

Nous arrivons à cette époque où l'armée d'Italie, après avoir langui longtemps dans la détresse, allait surmonter tous les obstacles, franchir les Alpes et les Apennins, pour entrer, avec quarante mille hommes, presque toute infanterie, dans les plaines d'Italie, défendues par une armée aguerrie de 80,000 combattants, ayant une nombreuse cavalerie et une artillerie considérable.

Cette campagne d'Italie s'ouvrit le 9 avril 1796.

Le 11, Masséna se couvre de gloire à Montenotte, et Augereau à Millesimo. Le 16, la division Sérurier, formant la réserve, s'empare des postes de Batifolo, Bagnasco et Nocetto, pousse l'ennemi jusqu'à son camp retranché sous Ceva, et le force à l'évacuer dans la nuit. Le 19, elle attaque sa droite et la partie de son centre postée à Saint-Michel; après trois heures d'un combat opiniâtre, Sérurier s'empare de la position, renverse les Piémontais chargés de défendre le pont sur la Corsaglia, et passe lui-même cette rivière avec un fort détachement.

Le 21, il fit enlever la tête du pont della Torre par les brigades Guyeux et Fiorella, ce qui contraignit le général Colli à se retirer sur Mondovi. Sérurier le poursuivit si vivement, que le 22, à la pointe du jour, il atteignit l'arrière-garde piémontaise sur les hauteurs en avant de Vico; la brigade Guyeux se dirigea sur la gauche de l'ennemi, tandis que Sérurier, à la tête des brigades Fiorella et Dammartin, attaqua les redoutes qui couvraient le centre. Toutes ces positions furent enlevées à la baïonnette. Le général en chef piémontais abandonna le champ de bataille et fut poussé sur la Stura jusqu'à Fossano, dont Sérurier s'empara le lendemain. Ces succès furent suivis d'un armistice conclu le 27 entre la France et la Sardaigne.

Le Piémont ayant été occupé et l'ennemi chassé du Milanais, le général Sérurier, commandant la réserve, se bat le 29 mai au passage du Mincio. Le 4 juin, sa division arrive à le Favorite, à une demi-lieue de Mantoue, repousse les Autrichiens dans la place, et s'empare du faubourg Saint-Georges et de la tête de pont.

Le général en chef lui confia le commandement du siége de Mantoue, ce boulevard de l'Italie septentrionale. Le 18 juillet, il délogea les Autrichiens de leurs retranchements de Migliaretto, et les rejeta dans la forteresse; il repoussa journellement les efforts de sa nombreuse garnison jusqu'aux premiers jours d'août.

A cette époque, le maréchal Wurmser entrait en Italie avec soixante mille Autrichiens; il avait le projet d'envelopper l'armée française, qui ne comptait pas quarante mille combattants.

Le général en chef fit lever le siége de Mantoue. La division Sérurier, après s'être éloignée de cette place, marcha le 5 août par Marcaria sur la gauche de l'ennemi, et par la rapidité de ses manœuvres contribua glorieusement au gain de la bataille de Castiglione, qui décida du sort de l'Italie en forçant Wurmser à rétrograder, après avoir jeté des renforts dans Mantoue.

Divers événements militaires obligèrent Wurmser à s'y renfermer lui-même. Sérurier fut de nouveau chargé du siége de cette place, contre laquelle un de nos collègues, le marquis Chasseloup-Laubat, dirigeait les importants travaux du génie. Le général Alvinzy, avec une seconde et une troisième armée, tenta encore de la délivrer, mais il fut battu à Arcole et à Rivoli. Le général Provera, lancé avec une colonne de dix mille hommes pour pénétrer dans Mantoue, échoua aux portes le 16 janvier 1797. Sérurier força à rentrer dans la place le maréchal Wurmser qui faisait une sortie, et en même temps arrêta le corps de Provera par la vigoureuse résistance du général Miollis dans le faubourg Saint-Georges. Le lendemain 17, il couronna ce succès par la part qu'il prit à la bataille de la Favorite, où Provera mit enfin bas les armes. Cet événement amena la reddition de Mantoue; et le général, qui en avait dirigé le siége, eut l'honorable mission d'en signer la capitulation le 2 février.

La division Sérurier, suivant alors la marche offensive de l'armée, passe la Piave le 12 mars, sert de réserve, et participe au gain de la bataille qui eut lieu le 16 pour le passage du Tagliamento. Le 19, elle traverse l'Isonzo, arrive sur les hauteurs qui dominent Gradisca, et par ses manœuvres rend toute retraite impossible à la garnison, qui fut contrainte à se rendre. Elle s'empare de Gorizia dans les Alpes carniques, où elle trouve des magasins considérables, et s'établit le 28 sur les bords de la Drave; sa marche fut arrêtée par les préliminaires de Leoben.

Ainsi se termina cette célèbre campagne, suivie de la plus longue occupation de l'Italie que nous offre l'histoire, pendant laquelle les Français, aussi braves et plus heureux que les vainqueurs de Ravenne et d'Agnadel, après avoir couvert de leurs exploits ces belles contrées, parvinrent enfin à éteindre les vieilles haines qui divisaient les deux peuples depuis

des siècles. Heureux changement, dont la pos-
térité appréciera les causes, et qui sera désor-
mais consacré par de glorieux souvenirs, puis-
que l'armée italienne mêlée dans nos rangs a
illustré tous les champs de bataille depuis Tarragone jusqu'à Moscou.

Sérurier fut chargé d'apporter à Paris vingt
et un drapeaux pris dans les dernières affaires.
Le général en chef disait de lui:

« Le général Sérurier, dans les deux derniè-
« res campagnes, a développé autant de talent
« que de bravoure. C'est sa division qui a rem-
« porté la bataille de Mondovi, qui a si puis-
« samment contribué à celle de Castiglione,
« qui a pris Mantoue, qui s'est distinguée au
« passage du Tagliamento, de l'Isonzo, et prin-
« cipalement à la prise de Gradisca. »

Sérurier remit ces drapeaux le 31 mai.

De retour à l'armée, il reçut en novembre le
commandement difficile de Venise.

Rentré en France après la paix, il fut nommé, en novembre 1798, inspecteur général des
troupes stationnées dans l'intérieur.

La guerre étant sur le point de se rallumer,
il demanda à être employé de nouveau en Italie, sous les ordres du général en chef Joubert.
Loin de se trouver humilié de la préférence ac-

cordée à son jeune compagnon d'armes, Sérurier, déjà officier général lorsque Joubert com-
mençait à peine sa carrière militaire ; Sérurier,
dont la division s'était associée d'une manière
si brillante à tous les exploits de l'armée d'Italie, regarde comme une faveur de servir sous
les ordres du général dont il connaît la haute
valeur, et en qui le Gouvernement paraît avoir
placé ses espérances : exemple remarquable et
bien rare de patriotisme, de modestie et de
grandeur d'âme !

Le général Sérurier fut chargé de s'emparer
du pays de Lucques, où il fit honorer le nom
français. Il fut retiré de cette principauté pour
commander une division à la gauche de l'armée alors sous les ordres du général en chef
Schérer.

Cette nouvelle campagne s'ouvrit par la bataille du 26 mars (1799), et par une attaque
générale sur la ligne. La division Sérurier
ayant reçu l'ordre de longer le lac de Garda
et de repousser l'ennemi, exécuta son mouvement avec succès, et s'empara du plateau de
Rivoli. Le 30, elle passa l'Adige et menaçait
déjà Vérone, lorsque le mouvement rétrograde
de l'armée la força à repasser ce fleuve au pont
de Polo.

(19)

Au combat du 5 avril, à Magnano, Sérurier attaqua le bourg de Villafranca, s'en empara à la baïonnette et fit 900 prisonniers.

Bientôt les Français se retirèrent sur l'Adda; le général Moreau remplaça Scherer. L'armée russe, commandée par le maréchal Soworow, était arrivée. Le général Sérurier fut attaqué à Lecco le 26 avril par un corps de grenadiers russes aux ordres du prince Bagration. Il le repoussa vivement; mais dans la nuit il quitta ce poste pour se rapprocher du centre de l'armée en longeant la rive droite de l'Adda. En se dirigeant sur Vaprio, qui venait d'être évacué, il se trouva isolé et cerné au village de Verderio, en avant de Miranda, où, secondé par le général Fresia, il se battit pendant toute la journée du 27, prit quinze cents hommes, six pièces de canon. Il se servit, pour continuer le combat, des munitions des prisonniers. Il espérait, d'après les ordres qu'il avait reçus, que le général en chef viendrait le dégager; mais il apprit que l'armée avait été forcée à la retraite. Alors, accablé par dix-sept mille hommes, réduit à peine à deux mille cinq cents combattants, sans gargousses, sans une seule cartouche, coupé de toutes communications, il fut contraint à se rendre au maréchal Soworow par une capitulation honorable. Le général russe le traita avec les plus grands égards, comme si un secret pressentiment l'eût averti que lui-même éprouverait bientôt l'inconstance de la fortune.

Ce fut la dernière campagne du général Sérurier, qui retourna en France. Il fut nommé sénateur le 24 décembre 1799.

Le 24 avril 1804, il reçut la plus flatteuse récompense pour un vieux guerrier, le gouvernement de l'hôtel des Invalides. A son avénement, il existait beaucoup de désordre dans l'administration, et un grand relâchement dans la discipline. Il parvint à réorganiser toutes les parties du service, et à y faire régner la subordination. Il améliora singulièrement le régime alimentaire des militaires de tous grades.

Le 19 mai, il obtint le bâton de maréchal de France. Le 2 février 1805, il reçut la décoration de grand-cordon de la Légion d'honneur, et, peu après, celle de la grand'croix de la Couronne de fer (1).

---

(1) Le 3 septembre 1806, l'Empereur, apprenant l'expédition des Anglais contre l'île de Walcheren, rendit le décret suivant :

Notre cousin le maréchal Sérurier, sénateur, est nommé

A l'époque de la première invasion des ennemis, en 1814, le maréchal Sérurier, voulant épargner à l'armée française l'humiliation de voir enlever les dépouilles victorieuses confiées à sa garde, à l'exemple du régiment de Navarre, qui, en 1704, déchira et enterra ses drapeaux, ordonna que les quatorze cent dix-sept drapeaux et étendards pris sur les ennemis de la France dans toutes les parties du monde, et qui étaient suspendus sous les voûtes du dôme, ainsi que l'épée et les décorations du grand Frédéric, fussent brisés et brûlés dans la principale cour de l'Hôtel; ce qui fut exécuté le 30 mars, à neuf heures du soir.

Ainsi furent anéantis les trophées de Denain, de Fontenoy, de Jemmapes, de Fleurus, d'Arcole, d'Aboukir, de Zurich, de Marengo, de Hohenlinden, d'Austerlitz, de Wagram, de Tarragone, etc. Les cendres de ce glorieux bûcher furent, par ses ordres, précipitées du pont d'Iéna dans la Seine, afin d'en dérober à l'ennemi jusqu'aux moindres vestiges. Il est plus aisé pour les militaires français de sentir que d'ex

---

commandant général de la garde nationale de notre bonne ville de Paris.

NAPOLÉON,

primer la vive douleur qu'éprouvèrent les invalides en voyant détruire ces monuments du
courage national... tous pleuraient amèrement.

La résolution du maréchal fut bientôt justi-
fiée. A peine l'ennemi entrait-il dans Paris, que
des ordres durement exprimés vinrent récla-
mer ces illustres dépouilles. On enjoignit en
même temps au maréchal de faire évacuer l'hôtel dans les vingt-quatre heures par tous les
invalides, à l'effet d'y placer sept à huit mille
soldats étrangers blessés ou malades. Déjà les
chirurgiens désignaient les quartiers que de-
vait occuper chaque nation.

Le maréchal Sérurier court chez l'Empereur
Alexandre, qui l'accueille avec distinction. Il
représente avec chaleur à Sa Majesté le résultat
cruel d'une mesure aussi imprévue; il sollicite,
il conjure un Prince ami des braves. L'Empereur ignorait l'ordre, il le révoque; et les invalides doivent à sa générosité la conservation
de l'asile qui couvre toutes leurs misères.
Alexandre ajoute au bienfait. Dès le lendemain,
il se rend à l'hôtel, converse familièrement
avec un grand nombre de ces vétérans de la
gloire, les interroge avec bonté, leur adresse
des paroles consolantes, et se retire avec émo-
tion au milieu des cris de leur reconnaissance.

(23)

Le 4 juin, le maréchal Sérurier fut nommé
Pair de France. Pendant tout le temps qu'il
siégea dans cette enceinte, il manifesta cons-
tamment son attachement à l'auguste famille
des Bourbons, et à la Charte donnée par le
Roi.

Le 22 juin, il fut maintenu au gouvernement
des Invalides, dans lequel il fut remplacé le 27
décembre 1815.

Le 3 septembre 1818, il reçut la grand'croix
de l'Ordre royal et militaire de Saint-Louis.

Enfin il succomba, le 21 déeembre 1819, à
l'âge de soixante-dix-sept ans, après en avoir
servi soixante-cinq. Il a laissé une veuve déso-
lée de sa perte; une fille adoptive, mariée au
colonel Dukermont, commandant les chasseurs
des Ardennes; et un neveu de son nom, qui
déjà a su l'honorer en remplissant avec succès
et distinction un des premiers emplois diplo-
matiques aux États-Unis de l'Amérique (1).

---

(1) Il remplissait les fonctions d'envoyé extraordinaire et
ministre plénipotentiaire à Washington, quand les États-
Unis déclarèrent la guerre à l'Angleterre le 19 juin 1812.

Depuis, le comte Sérurier, ministre une seconde fois aux
États-Unis, puis en Belgique, a été créé Pair de France.

Sur sa demande, une décision royale a ordonné, en 1847,

(24)

Vous venez d'entendre, Messieurs, les détails
de la vie militaire du maréchal Sérurier; et
vous avez aisément remarqué le trait distinctif
qui relève les grades et consacre les réputations,
je veux dire la noblesse du caractère. Nous l'a-
vons vu, avant la révolution, mériter ses grades
par sa bravoure, ses blessures et son instruction. A Perpignan, il sauve ses officiers de la
fureur des partis par sa prudence et sa fermeté.
Libre de tous sentiments étrangers à son devoir
de soldat, il reste à son poste et combat les
ennemis de la France. En butte à des dénon-
ciations, il se justifie par ses actions; il force
l'envie même au silence et au respect. Ami rigide de la discipline, soumis aux lois, mépri-
sant l'intrigue, il donne l'exemple de la générosité, de la justice. Jamais un acte arbitraire,
ou intéressé, ne souilla son âme franche et
pure. Combien ces vertus personnelles rehaus-
sent l'éclat des victoires et ennoblissent un
guerrier! Sérurier s'était proposé Catinat pour
modèle : comme lui, il fut brave, loyal et
modeste.

---

la translation aux Invalides des restes mortels du maréchal,
pour y être déposés dans le caveau destiné à la sépulture des
gouverneurs de l'Hôtel.

C'est ainsi que, dans tous les temps, notre illustre France a produit des héros. Cet assemblage de gloire héritée et de gloire acquise forme un trophée indestructible d'honneur et d'exploits glorieux, qui éternisera la mémoire de nos grands hommes anciens et modernes. Quel pays pourrait se vanter d'en avoir fourni un si grand nombre!

En terminant, Messieurs, qu'il me soit permis d'exprimer un désir, celui de voir la place du maréchal occupée par un homme de son nom! Nos vieux guerriers tombent... la patrie hérite de leur illustration. Espérons que le Roi, qui sait apprécier tout ce qui est grand et honorable à la France, appellera un jour les descendants des Kleber, des Desaix, des Masséna, etc. Ce vœu, Messieurs, pardonnez-le à un militaire qui doit un tribut de reconnaissance à ses maîtres dans l'art de la guerre.

Repose en paix, noble maréchal Sérurier! Pendant ta longue et honorable carrière, tu as mérité l'estime et les regrets des amis du trône et de la patrie. Heureux d'être descendu dans la tombe avant l'événement affreux qui consterne tous les Français! Eh! devait-il te suivre de si près, cet excellent prince, ami de la gloire, dont la grandeur et la force d'âme se manifestèrent jusqu'à son dernier soupir! Devait-il, succombant sous le fer d'un assassin, être enlevé sitôt à l'espérance de conduire un jour nos légions à la victoire! Puisse la douleur publique, si vivement partagée par tous les nobles Pairs, apporter quelque soulagement à la douleur de l'auguste famille royale, et faire connaître à l'Europe l'unanimité des sentiments qu'a fait exprimer cet horrible attentat!

DE L'IMPRIMERIE DE P. DIDOT, L'AINÉ,

CHEVALIER DE L'ORDRE ROYAL DE SAINT-MICHEL,

IMPRIMEUR DU ROI ET DE LA CHAMBRE DES PAIRS,

Rue du Pont de Lodi, n° 6.

APPENDICE.

BONAPARTE AU DIRECTOIRE,

Le 15 prairial an v.

Citoyens Directeurs,

Je vous envoie par le général de division Sérurier vingt-deux drapeaux pris dans les affaires qui ont eu lieu en Allemagne ou sur les Vénitiens. Le général Sérurier a, dans ces deux dernières campagnes, développé autant de talent que de bravoure et de civisme. C'est sa division qui a remporté la bataille de Mondovi, qui a si puissamment contribué à celle de Castiglione, qui a pris Mantoue et s'est distinguée au passage du Tagliamento, de l'Isonzo et surtout à la prise de Gradisca.

Le général Sérurier est extrêmement sévère pour lui-même; il l'est quelquefois pour les autres. Ami rigide de l'ordre, de la discipline et des vertus les plus nécessaires au maintien de la société, il dédaigne les intrigues et les intrigants, ce qui lui a quelquefois fait des ennemis parmi ces hommes qui sont toujours prêts à accuser d'incivisme ceux qui veulent que l'on soit soumis aux lois et aux ordres de ses supérieurs. Je crois qu'il serait très-propre à commander les troupes de la République cisalpine ; je vous prie donc de le renvoyer le plus tôt possible à son poste.

Bonaparte.

BONAPARTE PREMIER CONSUL,

AU SÉNAT,

5 floréal an XII.

Sénateurs,

J'ai nommé le sénateur Sérurier gouverneur des Invalides. Je désire que vous pensiez que les fonctions de cette place ne sont point incompatibles avec celles de sénateur. Rien n'intéresse aussi vivement la patrie que le sort de ces 8,000 braves couverts de tant d'honorables blessures et échappés à

tant de dangers. Eh! à qui pouvait-il être mieux con-
fié qu'à un vieux soldat, qui, dans les temps les
plus difficiles et en les conduisant à la victoire, leur
donna toujours l'exemple d'une sévère discipline et
de cette froide intrépidité, première qualité du général?

BONAPARTE.